CLARA LOUISE

Stimme der Leisen

CLARA LOUISE
Stimme der Leisen

Gedichtband

Mit Zeichnungen der Autorin

Vorwort

„Du bist so leise." So oft habe ich diesen Satz in meinem Leben gehört. Vielleicht bilde ich es mir ein, doch ich meine, dass ich dabei immer einen gewissen Unterton raushörte. „Du bist so schön unauffällig", sagte mir einst ein Geschäftsmann einer Bookingagentur vor einem Auftritt.

Als Kind nahm ich die Rolle des braven, ruhigen und angenehmen Mädchens ein. Oft wurde ich dafür gelobt. Ich war nie rebellisch und versuchte nie, meinen Willen durchzusetzen. Irgendwann kam es mir so vor, als hätte ich meine Stimme verloren. Ja, als wüsste ich selbst nicht einmal mehr, was ich zu sagen habe.

Durch die Veröffentlichung meiner Gedichte bekam ich meine Stimme zurück. Vielleicht empfindet man mich als leise, wenn man mir persönlich begegnet. Doch wenn ich schreibe, dann habe ich das Gefühl, stark und laut zu sein. Und das ist auch eine Seite, die zu mir gehört.

Ich finde es nicht mehr schlimm, wenn mir jemand sagt, dass ich „so leise" bin. Ja, wäre ich sehr laut, dann würde man mir auch das vorwerfen. So ticken wir Menschen eben. Wie wäre es, wenn wir versuchten, das Schöne in jedem Menschen zu sehen? Die Besonderheiten und das gewisse Etwas in jedem zu finden? Ich bin davon überzeugt, dass wir alle etwas in uns tragen, das wertvoll ist.

In den letzten Jahren begegnete ich vielen leisen Menschen, die sehr laute Geschichten in sich tragen. So geht es mir auch. Deshalb lag der Titel dieses Buches schon etwas länger auf meinem Schreibtisch. Denn wir alle, die etwas in der Lyrik finden, das einem Kraft schenkt, sind äußerlich meist leise und tragen doch gleichzeitig eine sehr laute Seite in uns. Und möge es auch andersherum sein: Wir sind gut so, wie wir sind.

Viel Freude beim Lesen! Ich wünsche mir, dass ihr eure eigene Stimme darin findet.

Clara Louise

1. Auflage
© 2020 Loud Media and Awareness GmbH,
Imbergstr. 31c, 5020 Salzburg, Österreich
Umschlaggestaltung: Clara Louise, Nilla Bogensperger, Alexander Tiefenbacher
Lektorat: Lektorat Unker
Satz und Layout: Clara Louise, Alexander Tiefenbacher
Druck und Bindung: Friedrich Pustet GmbH & Co. KG,
Gutenbergstraße 8, D-93051 Regensburg, Deutschland
Bestellung und Vertrieb: Nova MD GmbH,
Raiffeisenstraße 4, D-83339 Vachendorf, Deutschland
ISBN 978-3-96698-377-8

www.claralouise.de
www.loud.at

„Halte dein Herz im jetzigen Moment,
und Vergangenheit und Zukunft
verlieren an Gewicht."

Inhalt

TEIL DER NATUR	10
METAPHERN ÜBER EINE ALTE SEELE	12
VERÄNDERUNG IST FLUCH	14
UND SEGEN ZUGLEICH	14
ZUKUNFTSVISIONEN	16
SPIEL MIT DEM WASSER	18
INNERLICH	19
SCHNELLZUG	20
ZU LEBEN	22
NICHT DEIN FEIND	23
BLUES	24
DIESE TAGE	25
DEIN LICHT	26
MACHT EUCH KEINE SORGEN	27
GESCHENK	28
FLIEG, KLEINER VOGEL	30
VERGANGENHEIT	31
ALS ICH TRAURIG WURDE	32
SCHAUKELN	33
SCHUTZ	34
SCHMALER GRAT	35
FLASHBACKS	36
GEPÄCK	38
WERTVOLL	39

KAPITEL	40
MEIN KLEINER FUNKE HOFFNUNG	41
SPRACHE DER LIEBE	42
MEINE FREIHEIT	43
ES IST OKAY	44
AUF WIEDERSEHEN	45
AUFGEBRAUCHT	46
ALKOHOL	48
UNSICHTBARER GAST	50
VIELLEICHT	52
NEUANFANG	53
JAHRMARKT	54
24-STUNDEN-LEBEN	55
LASST DIE ROMANTIK AM LEBEN	56
SCHWAMM	58
DER MENSCH, DER DU SEIN MÖCHTEST	60
AUFMERKSAM	61
GEDANKENREISE	62
ERSTE BEGEGNUNG	63
EISERNES MEER	64
KÄTHI	66
PANDEMIE	67
ALLES NUR EIN TRAUM?	68
DURCH DEINE AUGEN	69

FEHLENDER GLAUBE	70
DIE ZEIT DANACH	71
PARADIES	72
AUS DEM HERZEN, AUS DEM SINN	74
ZU SPÄT	75
LEBENSKÜNSTLER	76
MEIN HERZ IST VOLL	77
TRAUERSTEIN	78
BITTERE SAUCE	79
CLOWN	80
HAUCH VON LEBEN	81
PFLANZE	82
FIRST-WORLD-BLINDHEIT	83
EINES TAGES WERDE ICH MICH LIEBEN	84
DAS LEBEN IST SCHÖN	85
LASS LOS	86
HAT NICHT SOLLEN SEIN	87
BEVOR ES ZU SPÄT IST	88
TRAUMA	90
VERTRAUEN	92
VERBUNDEN	94
WUNSCHWELT	95
KÄMPFERHERZ	96
DU BIST SICHER	98

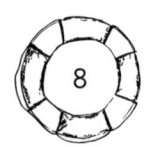

WUNSCHGARTEN	100
SINN DES LEBENS	101
MONSTER	102
WAS WÄRE ICH BLOSS OHNE DIE LIEBE?	104
ICH HABE EINE FRAGE	105
WWJD	106
SELBSTGESPRÄCHE	108
UNSER ZUHAUSE	109
DIFFUS	110
SÜSSER PUDDING	111
OBSESSION	112
STARKER NORDWIND	113
WENN ES IM SOMMER SCHNEIT	114
EINSAM SEIN IST NICHT DASSELBE WIE ALLEINE SEIN	116

TEIL DER NATUR

Ich wäre gerne eins mit der Natur,
würde gerne flattern
wie ein Blatt im Sommersturm,
gehalten werden
wie ein Ast an einer alten Eiche.

Ich hätte gerne Wurzeln,
die unter der Erde sicher sind,
würde gerne fließen
wie ein Bach im Gebirge.

Ich wäre gerne so mutig
wie der Wind,
so entzückend lebendig
wie eine farbenprächtige Wildblume.

Ich bin nur ein moderner Mensch.
Statt auf der kühlen Erde
liege ich auf Kunststoff.
Statt mich von einem leichten
Strom treiben zu lassen,
stehe ich unter einem Wasserstrahl,
um mich herum kalte Fliesen.

Meine Sehnsucht ist groß –
sie wird immer größer –,
mich mit der Natur zu vereinen,
glücklich zu atmen,
friedvoll zu schlafen,
kindlich zu entdecken.

Vielleicht breche ich bald auf,
lebe als Lebewesen dort,
wo ich hingehöre,
nur mit dem notwendigen Schutz,
von der überwältigenden Natur,
mit genügend Fläche,
um ein Teil dieser Erde zu sein.

METAPHERN ÜBER EINE ALTE SEELE

Es ist ein altes Gerät,
das schon einige Jahre auf dem Buckel hat.
Zurückgeben kann man es nicht mehr,
dafür fehlen mir auch jegliche Papiere.
Eigentlich sollte es viele Jahre halten,
doch aktuell spinnt es ein wenig herum.
Der Akku dürfte beschädigt sein.
Das Aufladekabel habe ich leider verlegt.

Ich hänge noch an diesem Gerät,
schließlich begleitet es mich
schon mein Leben lang.
Und die meiste Zeit
konnte ich mich auch darauf verlassen,
dass es einwandfrei funktioniert.

Nur weil es jetzt ein wenig hinkt,
kann ich es ja nicht gleich wegschmeißen.

Wahrscheinlich braucht es einfach
ein wenig Ruhe.

Ich sollte es schonen,
doch besser nicht ganz ausschalten,
sonst könnte es ganz vorbei sein,
und das möchte ich auf keinen Fall.

Vielleicht finde ich eine Werkstatt,
die ein paar Teile reparieren kann,
damit das alte Gerät wieder so läuft,
wie früher.

Natürlich wird es nie mehr
ganz so sein wie neu,
doch das macht ja auch
den Charme alter Geräte aus.

VERÄNDERUNG IST FLUCH
UND SEGEN ZUGLEICH

Wir sind eine amüsante Spezies.

Wir wünschen uns Veränderung für uns selbst.
Dass wir uns stetig weiterentwickeln,
weiser und stärker werden.

Unser Leben ist ein ewiger Studiengang.

Wir suchen weiter nach Inspiration:
Wo könnten wir hin? Wie könnten wir sein?

Doch sobald ein anderer Mensch,
der uns am Herzen liegt,
sich auf dieselbe Reise aufmacht,
und diese dann irgendwann die ersten Früchte trägt,
man auch nur einen Hauch von Veränderung wahrnimmt,
bekommen wir es mit bitterlicher Angst zu tun.

Wir wollen nicht,
dass sich jemand ändert,
den wir lieben, nein.

Auch wenn es des anderen
Herzenswunsch ist,
so tut es uns zu sehr weh.

Wir fühlen uns bedroht,
etwas zu verlieren,
was uns die Sicherheit schenkte,
dass irgendetwas für immer bleibt.

Doch „für immer" ist
und bleibt eine Illusion,
die uns gefangen hält in einem
gläsernen Gefängnis auf einer Welt,
die so viel Freiheit zur Verfügung stellt.

ZUKUNFTSVISIONEN

Schmeckst du die Luft?

Sie schmeckt nach Gift,
irgendwie falsch, als würde sie
etwas im Schilde führen,
doch nicht ausreichend stark,
um es zu vollziehen.

Ich habe schon seit Tagen das Gefühl,
dass etwas hinter der Ecke lauert,
in jedem Moment
mich erschrecken könnte,
und deshalb ist mein Körper
stets in Alarmbereitschaft,
zittert innerlich.

Ich höre nur mein Herz laut pochen.

Meine Hände sind kalt.
Fließt da noch Blut in mir?
Sind diese Bilder vor meinen Augen
Zukunftsvisionen oder reine
Hirngespinste?
Bin ich noch realistisch oder
längst abgedriftet?

Oh ja, ich fühle mich gefangen
in dieser eigenartigen Welt.
Ich weiß nicht mehr, ob ich
träume oder wach bin oder
wann ich träume und wann
ich wach bin.

Ruhig, ganz ruhig,
es wird noch laut,
das kann ich spüren.
Lieber ausruhen,
nochmal entspannen,
bevor der Kampf beginnt.

SPIEL MIT DEM WASSER

Es fühlt sich an wie eine Welle,
auf der ich reite,
die mich leicht über der Oberfläche hält.
Das Sonnenlicht lässt meine Haut trocknen.

Lange lebte ich wie ein Fisch
auf dem Grund des Meeres.
Zwar schwamm ich noch,
doch glitt ich immer wieder auf dem Sand.

Das Salz schmecke ich
noch immer auf meinen Lippen.

Manchmal träume ich vom Ertrinken,
doch das Leben auf dem Meer
fühlt sich so gut an, dass ich all meine Kraft
dafür verwende, nicht mehr abzutauchen.

Es ist ein Spiel,
niemals ganz sicher,
immer in Bewegung,
ein Moment, der am
seidenen Faden hängt.
Und genau dieses Adrenalin
braucht es, um lebendig zu sein.

INNERLICH

Ich renne innerlich
um mein Leben,
mein Puls ist hoch,
mein Körper in Alarmbereitschaft,
ich erinnere mich daran,
dass ich atmen muss,
und nehme um mich herum
nur noch wenig wahr
bei dieser Geschwindigkeit.

Ich werde gejagt
bis tief in den Schlaf.
In meinen Träumen
offenbart sich das Böse,
das ich tagsüber stets
hinter mir befürchte,
doch ich kann mich nicht befreien,
mein Schlaf hält mich fest.

Sirenen dröhnen laut
in meinen Gedanken,
deine Worte kommen nicht
bei mir an. Es ist so laut
in meinem Kopf, dass ich
alles andere nicht mehr
verstehen kann.

Rette mich bei jeder
Gelegenheit, ringe nach
Schutz, wenn es nicht mehr
geht, atme tief ein,
wenn die Brust schmerzt,
ich ringe innerlich
um mein Leben.

SCHNELLZUG

Ich fahre mit dem Schnellzug
immer weiter geradeaus.
Ich habe keinen blassen Schimmer,
wo ich gerade bin.
Die Landschaften sehen
bei dieser Geschwindigkeit
aus wie bunte Lichtstreifen,
gemalt von einem modernen Künstler.

Mein Herz rast parallel
mit im Tempo dieses Zuges.
Es dampft aus meinen Ohren,
ein unsichtbarer Rauch,
zerstreute Gedanken
aus meinem Kopf.

Ich glaube, dass mich diese
Fahrt am Leben hält,
dass ich nicht aussteigen kann,
solange ich selbst rase.
Jetzt anzuhalten bedeutete mein Ende,
und das möchte ich nicht riskieren.
Viel zu lebendig fühle ich mich
in diesem Zug.

Ich nehme keine Drogen;
dieser Zustand entstand rein natürlich.

Er ist beängstigend,
doch so ist es nun einmal.

Ich schließe die Augen,
versuche ein wenig zu rasten,
doch so richtig klappt das auch nicht,
denn ich bin stets in Alarmbereitschaft
auf dieser nicht endenden Fahrt.

ZU LEBEN

Vielleicht wiederhole ich mich.

Du wirst es mir sagen.

Doch man kann nie oft genug hören,
dass die Klippe höher erscheint,
als sie in Wahrheit ist und dass der Fall
etwas so Befreiendes hat, wenn man
schwerelos in der Luft fliegt,
die Kontrolle verliert,
vertrauensvoll die Augen schließt,
die Hände nach oben streckt
und sanft aufgefangen wird,
bevor der harte Boden naht.

Es ist ein unglaubliches Gefühl,
die erstickende Angst zu besiegen
und die Steine vom Herzen weit weg
in die Ferne zu werfen, sich federleicht
zu fühlen, und vor Freude Tränen
zu vergießen, das Herz pochen zu hören,
sich selbst zu empfinden,
zu leben.

NICHT DEIN FEIND

Verhalte dich nicht wie mein Feind,
denn das wirst du niemals sein.
Ich werde niemals gegen dich kämpfen,
egal wie sehr du danach verlangst.

Es liegt nicht in meiner Natur,
in Kriege zu ziehen oder
unschuldige Wesen zu attackieren,
ihnen Herz und Seele rauszureißen
und mit Füßen draufzutreten.

Wirst du mir weiterhin
gegenüberstehen wie ein Soldat,
so werde ich tapfer stehen bleiben
und so lange beharren,
bis der Krieg vorüber ist.

Wenn ich Glück habe,
dann überlebe ich ihn,
doch nicht um jeden Preis.

BLUES

Er schleicht sich leise an,
setzt sich langsam nieder,
bleibt unbemerkt,
verbreitet sich in Zeitlupe,
zu klein für das menschliche Auge.

Du wachst auf und er hat dich eingenommen.
Er fesselt dich ans Bett,
stürmt deine Gedanken,
lähmt deine Lust.

Er raubt dir den Atem,
beschleunigt deinen Herzschlag,
fördert deine Schmerzen, wird immer lauter.

Er spielt eine Melodie,
die dich nicht mehr verlässt.
Ein mieser Ohrwurm,
der für Tage bleibt.

Er ist dein Feind,
doch mittlerweile gehört er zur Familie.
Man sucht ihn sich nicht aus,
doch man lernt, mit ihm zu leben.

DIESE TAGE

An manchen Tagen wache ich auf,
nachdem ich jede Sekunde Schlaf
aufgebraucht habe, liege wach
und frage mich, wann und ob ich
es wohl schaffen werde,
mich zu bewegen und
dieses Bett zu verlassen.

Ich liege da und frage mich,
ob ich es heute überhaupt schaffe,
etwas zu tun, was für irgendwen von
Bedeutung ist. Oder überhaupt
irgendetwas anderes,
als einfach nur da zu liegen
und darauf zu warten,
wieder einzuschlafen.

Das sind die Tage,
an denen ich meist
Übermenschliches leiste,
da ich gegen mich selbst ankämpfe,
oder gegen diese schwere Macht,
die mir weismachen will,
dass es keinen Grund gibt,
überhaupt etwas anderes zu tun,
als einfach nur darauf zu warten,
dass das Licht ausgeht.

DEIN LICHT

Natürlicherweise zieht mich dein Licht
magisch an, es ist ja oft so dunkel in mir.

MACHT EUCH KEINE SORGEN

Macht euch keine Sorgen,
dass ich manchmal nicht denke
an ein Morgen,
da es mich erleichtert,
diese Last nicht zu tragen
und diese Freiheit zu wagen,
selbst zu entscheiden,
wann ich diese Erde verlasse,
um nicht mehr einzuzahlen
in meine kaum gefüllte Lebenskasse.

Es ist nur ein Gedanke,
ein Spiel, das mich ablenkt,
mich fasziniert,
mir Leichtigkeit schenkt.
Es ist nicht viel,
doch es ist etwas,
das mich nie verließ,
nur manchmal verborgen blieb.

Ich werde bleiben,
solange ich kann,
denn ich fühle mich beschenkt,
so dass ich den Schenker
nicht enttäuschen kann.

Macht euch keine Sorgen,
dass ich manchmal nicht denke
an ein Morgen, denn dann
denke ich nur an heute und
an euch, meine geliebten Leute.

GESCHENK

Ich möchte dir etwas schenken.
Nicht, weil ich es muss.
Sondern weil es mir über den Weg gelaufen ist,
und ich an dich denken musste,
als ich es sah.

Es ist verpackt in einer kleinen Box
mit einer roten Schleife.
Ich greife intuitiv immer nach Rot,
es ist die lebendigste Farbe,
bestehend aus Wärme und Energie,
und das passt auch so gut zu dir.

Öffne die Box,
wenn dir danach ist.
Vielleicht an einem stillen Ort,
an welchem du ganz bei dir sein kannst –
das wäre ein optimaler Rahmen.

Wenn du den Deckel abhebst,
dann wirst du verstehen,
warum ich dabei an dich denken musste.
Es ist eine Box, gefüllt mit allem,
was du dir vorstellen kannst,
was ich dir geben kann,
und was nicht für das Auge sichtbar ist.

Es obliegt dir,
deiner freien Fantasie,
zu entscheiden, wonach dir gerade ist.

Ob es Liebe, Verständnis oder Humor ist:
Ich schenke es dir.

Von mir für dich,
weil man nichts
Schöneres schenken kann.

FLIEG, KLEINER VOGEL

Lässt du dich von der Angst fangen,
stärkst niemals deine Haltung,
offenbarst niemals deine offene Brust,
dein reines Gesicht, dann wird sie
immer kleiner, deine Welt,
bis du irgendwann gefangen bist
in einem goldenen Käfig.

Breite deine Flügel aus,
öffne das Fenster und fliege
mutig los in diese Welt,
vor der du dich jetzt noch fürchtest.

Verpasse bitte nicht das berauschende Gefühl,
das deinen ganzen Körper einnimmt
und für das es sich zu leben lohnt,
wenn du deine Angst überwunden hast.

VERGANGENHEIT

Sie ist schwer wie eine Truhe,
gefüllt mit Sandsäcken.
Hart und kalt wie ein toter Baum
im Winter.

Und doch sehe ich eure sanften,
hilflosen Gesichter, die nach mir rufen,
und es tut mir leid,
dass ich so empfinde.

Dass sie mich runterzieht
bis an den Grund
und ich endlich loslassen muss,
um nicht zu ertrinken.

Es gibt nichts mehr von ihr,
was ich noch brauche,
um hier und jetzt vollständig zu sein.

Und irgendetwas in mir sagt mir,
dass auch ihr in Wahrheit wollt,
dass sich mein Mosaik zusammenbaut
und ich bunt und glänzend
den nächsten Schritt gehen kann.

ALS ICH TRAURIG WURDE

Als ich traurig wurde,
verlor ich vieles,
doch gewann noch mehr:
Menschen, die mich halten
und sich um mich scheren.

Vielleicht wurde ich traurig,
weil ich diese Menschen nicht kannte,
dachte, ich sei auf ewig allein
mit meinen manchmal zu
trostlosen Gedanken.

Jetzt bin ich im Zwiespalt,
wo die Traurigkeit schwindet,
frag mich: Ob ich loslassen kann
und ob man mich trotzdem
noch findet?

Die Menschen,
sie geben mir Halt,
Liebe und Verständnis.
Doch die Traurigkeit,
sie führte mich in ein
immer dunkler werdendes Gefängnis.

Ich bin froh und leicht
und voller Hoffnung.
Zieht diese Traurigkeit fort,
bleiben die Menschen bis zu
und auch nach meiner Gesundung.

SCHAUKELN

Ich schaukle hin und her,
ganz automatisch,
wiege mich in Geborgenheit,
umarme meinen Körper,
so dass ich meine Augen schließen kann
und mich wie ein Baby fühle,
das gehalten wird.

Ich rieche den Duft
von frisch gewaschenen Laken.
Werde ruhig in zarter Dunkelheit,
atme tief und entspannt.

Es erklingt die Melodie einer Spieluhr,
tanzend und wohltuend.
Ein kleines Lächeln formt sich
in meinem warmen Gesicht.

Mein Kopf ist leicht,
mein Körper schwer,
mein Geist beruhigt,
mein Herz noch mehr.

SCHUTZ

Ich wünschte,
ich hätte dich vor dir selbst
schützen können,
dir beweisen können,
dass du all diesen Schmerz
nicht verdient hast.

Ich wünschte,
ich hätte dir das Blut
von deinen Händen waschen können,
so dass du es nicht siehst,
deine Wunden küssen,
so dass du sie nicht spürst.

Es ist so leicht, dich zu lieben.

Warum kannst du das nicht sehen?

SCHMALER GRAT

Da ist nur ein schmaler Grat
zwischen dem Sich-Verlieren in Tagträumen
und dem Verlust der Realität.

FLASHBACKS

Verborgen in meiner Seele
ruhte eine Geschichte,
die ich zu verdrängen versuchte,
ohne mir dessen bewusst zu sein.

Wie in einem Film
spielten sich die einzelnen Szenen
immer wieder ab in der Nacht,
wenn ich schlief.

So real, berauschend echt,
als wäre es gerade passiert,
nahm ich den alten Duft wahr,
hörte die altbekannten Stimmen,
fühlte dieselbe brennende Angst,
schwarze Trauer,
eine bittere Leere.

Ich sah mich selbst als Täter,
weshalb ich diese Geschichte für mich behielt.
Viel zu groß war die Scham und die Angst
vor wiederholter Ablehnung, die ich hätte nicht
noch einmal ertragen können.

Mit einer neuen Identität,
an einem fremden Ort,
ohne meine Vergangenheit
auf einem Papier, zog ich davon,
doch diese Geschichte blieb unverfälscht
und tief in meinen Zellen sitzen.

Jetzt beginne ich, davon zu erzählen,
nehme wahr, dass ich all die Zeit
kein Täter war, sondern das Opfer,
und es mir zusteht,
endlich zu heilen.

GEPÄCK

Mit den Jahren ist das Gepäck
auf meinen Schultern
immer schwerer geworden,
so dass ich meinen Kopf
nicht mehr heben kann,
um nachzusehen,
was genau ich alles
mit mir herumtrage.

WERTVOLL

Ich bin nicht mehr der Mensch
aus meiner Vergangenheit,
noch bin ich jetzt der Mensch,
der ich bald sein werde.

Meine Fehler sind nicht
länger meine Last.
Sie bestimmen nicht
meinen Wert.

Ich bin und bleibe wertvoll.

KAPITEL

Mit jedem gelesenen Kapitel
akzeptiere ich mich selbst
ein bisschen mehr.

Nun sehe ich,
wer ich wirklich bin,
und dieser Anblick gefällt mir.

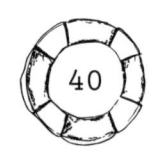

MEIN KLEINER FUNKE HOFFNUNG

Es fühlt sich an,
als hätte ich etwas verloren,
was es nie gab, als hätte ich
ein großes NICHTS gesucht,
das ich nicht finden konnte,
als würde diese Lücke in meinem Herzen
für immer bleiben.

Ich habe mein Ziel erreicht,
mein Ziel verloren.

Wonach suche ich jetzt?

Lohnt es sich denn überhaupt,
immer wieder nach etwas zu suchen?
Reißen die Enttäuschungen
immer weitere Narben in meine Seele,
so ist es am Ende ein flattriges Gerüst,
welches keine Stabilität mehr verspricht,
nur noch einen kleinen Wind benötigt,
um vollständig zu reißen.
Und was schützt dann noch
mein Herz?

Es wohnt dieser Schmerz in mir,
der durch meine Zellen tobt, sich ausbreitet,
wie ein unaufhaltsamer Virus.

Es fehlen mir meine Antworten,
ich bin völlig ahnungslos, doch ich bin da,
mein Herz schlägt, und das ist aktuell
mein kleiner Funke Hoffnung.

SPRACHE DER LIEBE

Wenn wir nicht mit Worten kommunizieren,
sprechen wir nicht mehr dieselbe Sprache.
Wir denken aneinander vorbei,
werden enttäuscht und tun uns weh.
Und das alles nur,
weil wir einander nicht verstehen.

Was bringen all die Sprachen dieser Welt,
wenn wir nicht die Sprache der Liebe sprechen?

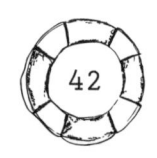

MEINE FREIHEIT

Es geht mir darum, mir meiner Freiheit bewusst zu sein;
dass ich fliegen kann, wenn ich möchte,
und aus freien Stücken bleibe, wenn dies mein Wille ist.

Es geht mir darum, mir meiner Freiheit bewusst zu sein;
dass der schwere Käfig um mich herum
nur eine Illusion aus meiner Vergangenheit ist,
die längst hinter mir liegt.

Es geht mir darum, mir meiner Freiheit bewusst zu sein;
dass ich aufwachen kann aus schlechten Träumen,
sehe, dass der jetzige Moment ein schöner ist
und ich ihn selbst gestalten kann.

Es geht mir darum, mir meiner Freiheit bewusst zu sein;
dass mich kein enges Korsett einschnürt,
die fehlende Luft nur Angst ist,
von der ich mich jederzeit verabschieden darf.

Es geht mir darum, mir meiner Freiheit bewusst zu sein.

ES IST OKAY

Es ist okay, wenn du nicht lachen kannst,
während die anderen fröhlich sind,
wenn der Sommer dich nicht erfreut
und du unter deiner Decke nach Schutz suchst.

Es ist okay, wenn du nicht traurig bist,
während die anderen trauern,
dass du nicht weinen kannst,
weil dein Herz nicht schmerzt,
wenn du es einfach nicht fühlst.

Es ist okay, wenn du nicht rauswillst,
weil es dir drinnen gefällt,
du nicht auf Berge klettern möchtest,
sondern sie lieber betrachtest
oder sogar wegsiehst.

Es ist okay, wenn du liebst,
ohne Verstand,
wenn du dich von deinem Herzen führen lässt
und die Stimmen um dich ignorierst.
Wenn du was riskierst, um dich lebendig zu fühlen.

Es ist okay, denn du bist okay.

AUF WIEDERSEHEN

Es ist Zeit,
auf Wiedersehen zu sagen.
Doch bevor ich loslasse,
möchte ich noch sagen,
dass ich vergebe.

Ich vergebe den Geschichten,
die ich hörte. Fühle nur noch
die kindliche Wärme, die ich empfand,
als ich dich das letzte Mal sah.

In deinen Augen sah ich Scham,
Sorge und Unsicherheit.
Schließe sie friedlich und sei gewiss,
dass du jetzt bei den Engeln bist.

In wohligem Frieden sollst du sein.

Lass alles hinter dir,
was dich formte.
Sei die reine Seele,
die du warst,
als du geboren wurdest
und bevor du gingst.

Wir sind alle der Mensch
unserer eigenen Geschichte.
Wenn man sie nicht kennt,
kann man sie nicht verstehen.

Ich vergebe und vergesse,
lasse los und wünsche
aufrichtig, dass auch du
mir vergeben kannst.

AUFGEBRAUCHT

Ich bin hier,
um dir zu helfen,
wenn du mich brauchst.
Doch ich werde nicht länger
all meine Energie dazu aufwenden,
mit dir einen Weg zu gehen,
ja, dich sogar diesen entlang zu zerren,
wenn du ihn selbst nicht gehen möchtest.

Es ist traurig und zerreißt mich innerlich,
zu sehen, wie du dich selbst zerstörst,
die Blätter an dir vorbeifliegen lässt,
dabei selbst nicht loslässt,
um neu aufzublühen.

Ich wünschte, du könntest auch sehen,
wie es uns damit geht, dich so zu sehen.
Wie es die Kraft aus uns heraussaugt
und dass nicht nur du von deiner Qual
betroffen bist.

Ruf mich jederzeit und ich komme,
um dir zu helfen,
doch ich kann nicht mehr ständig
versuchen, dich zu erreichen.

Irgendwann kommt der Zeitpunkt,
an dem man verstehen und akzeptieren muss,
dass man nur noch loslassen kann,
um nicht selbst mit unterzugehen.
Ruf mich jederzeit
und ich komme,
um dir zu helfen,
doch ich kann nicht mehr
ständig versuchen,
dich zu erreichen.

Mein Guthaben ist aufgebraucht.

ALKOHOL

Böser Tropfen.
Aus dir wurde ein Bach.
Du fließt durch diese Landschaft,
mündest und mündest
in weiteren Gewässern,
verbreitest dich unaufhaltsam
und lässt dich bewundern,
als wärest du ein schöner Teil
unserer Natur.

Böser Tropfen.
Du schlichst dich heimlich ein
in unsere Gedanken,
übernahmst das Ruder,
breitetest dich langsam aus
in unserer Statik.
Nun ist alles am Wanken.

Böser Tropfen.
Veränderst hast du jene
um mich herum,
verleugnest,
wer sie wirklich sind,
mir weismachen willst du,
auch ich gehörte zu dir.

Böser Tropfen.
Nichtsahnend bist du mir begegnet,
ohne zu ahnen,
dass ich dich durchschaue,
nicht zulasse,
dass du meine Seele durchflutest.

UNSICHTBARER GAST

Eines Tages fand ich
dich in meinem Zimmer.
Du hattest dich versteckt in einer Ecke.
Und obwohl du so klein warst,
trafen dich meine Augen sofort
und konnten nicht mehr von dir lassen.

Gut, also solltest du bleiben.
Was würde ein so kleines Etwas
schon in Anspruch nehmen?
Wir trafen uns täglich.
Du wichst nie von meiner Seite,
und für mich war das in Ordnung.

Irgendwann nahm ich dich mit raus.
In meiner Tasche fandest du Platz,
erlebtest jeden Moment mit mir,
sahst, was ich sah,
und umgekehrt.

Nur selten sprachen wir.
Wir verstanden uns auch dann,
wenn unsere Augen geschlossen waren.
So wurdest du ein Teil von mir.

Du bist sehr viel
und doch so wenig.
Um ehrlich zu sein,
weiß ich nicht,
ob das noch richtig ist.

Ein Abschied täte uns gut,
doch wir haben uns so sehr
aneinander gewöhnt, dass es mir
so vorkäme, als würde ein Teil von mir
verlorengehen. Doch dich bei mir zu tragen
ist so anstrengend geworden,
denn mittlerweile bist du größer
als ich.

Nur ich kann dich sehen,
das macht es nicht leichter.
Du ruhst auf meinen Schultern,
weichst mir nicht mehr von der Seite,
doch niemand erkennt das Gewicht,
das mich immer weiter zu Boden zieht.

Sag mir, was sollen wir nun tun?
Gibt es vielleicht einen anderen Ort,
an dem du ein willkommener
unsichtbarer Gast wärst?

VIELLEICHT

Vielleicht hätte ich dir sagen sollen,
was der Blick in meinen Augen sprach.

Vielleicht hättest du verstanden,
woher der Unmut in meinem Herzen stammt.

Vielleicht hättest du mir erklären können,
wie es dazu kam und wer du heute bist.

Vielleicht hätte ich dich verstanden,
vielleicht auch nicht.

Vielleicht hätte ich dir schon früher verzeihen können,
was mich so sehr beschwerte.

Vielleicht hätten wir uns umarmt und festgestellt,
dass wir beide nur Menschen sind.

Vielleicht hätte ich gesehen,
dass du mich liebst.

Vielleicht hättest du verstanden,
weshalb ich es nie versuchte.

Vielleicht wäre alles anders geworden,
als es nun in meiner Erinnerung ist.

NEUANFANG

Ich bin kein Teil dieser Geschichte,
ich möchte es nie sein. Es ist mir klar,
seitdem ich sah, wie die einzelnen Seiten
deines Buches verbrannten und du das
Feuer nicht mehr löschen konntest.

Ich fühle deinen Schmerz,
möchte ihn jedoch nicht teilen.
Ich lerne zu vergeben,
ein weißes Buch zu füllen
mit unseren eigenen Kapiteln.

Lass uns gemeinsam ein letztes Mal
zurücksehen und uns verabschieden
von unseren alten Persönlichkeiten.
Lass uns sein, wer wir heute sind,
und von vorne beginnen.

Ich bin bereit und möchte dir sagen,
dass ich dich von nun an so sehe,
wie du heute bist.

JAHRMARKT

Ich drehe und drehe
im Gedankenkarussell,
habe eine Dauerkarte
für diesen Jahrmarkt.

Ich sitze und blicke in die Ferne,
fliege in der Luft,
sehe nichts,
höre nur meine Gedanken.

Ist diese Welt um mich herum real,
in die ich manchmal für wenige Sekunden
eintrete, oder ist das nur eine Einbildung
meines Verstandes, der dringend Urlaub
benötigt?

Manchmal fühlt es sich an wie ein Gefängnis,
in das ich mich selbst begeben habe,
und immer wieder verliere ich die Schlüssel,
um mich daraus zu befreien.

Ich esse Zuckerwatte,
zupfe die rosaroten Wolken langsam herunter,
und als es plötzlich auf meiner Zunge knistert,
springt und kitzelt,
kehre ich zurück in den Moment
und drehe noch eine kleine Extrarunde
auf dem Jahrmarkt.

24-STUNDEN-LEBEN

Zurück in meinen Lungen ist der Frühling;
durch meine Adern fließt frisches Blut,
ich atme Blumenluft ein,
das Vogelgezwitscher erfreut mein Herz.

Es ist ein lebendiger Tag;
in meinem Körper spüre ich Strom,
ich bin bereit für ein 24-Stunden-Leben.
Es ist erfrischend heiter, lustig und gesellig.

Die Farben leuchten prächtig:
Die Berge lassen sich gerne blenden,
die Gewässer glitzern munter für die Wassertiere
und die Augen der Menschen.

Das Paradies vor unserer Haustür.

Der Frühling ist da, und ich freue mich
mit der Ehrlichkeit eines Kindes.

LASST DIE ROMANTIK AM LEBEN

Lasst die Romantik am Leben.
Hängt sie nicht auf,
steinigt sie nicht,
lasst sie nicht verhungern.
Zieht hinaus in die Felder,
tragt eure Herzen vor der Brust,
kämpft dafür,
dass sie am Leben bleibt.

Lasst die Romantik am Leben.
Erzählt ihre Geschichten,
malt ihre Bilder,
singt ihre Lieder.
Lasst euch von ihr inspirieren,
verewigt sie in Objekten,
lasst euch von ihr führen.

Lasst die Romantik am Leben.
Heilt mit ihr die Wunden,
beendet Kämpfe und Kriege,
verfärbt Feindseligkeit.
Lasst euch von ihr retten,
haltet sie hoch,
verliert euren Glauben an sie nicht.

Lasst die Romantik am Leben.
Feiert ihre Feste,
küsst ihre Auserwählten,
umarmt ihre Geschöpfe,
findet euch in ihr.
Lasst sie in euch fließen,
hört ihren Herzschlag,
werdet durch sie unendlich.

Lasst die Romantik am Leben.

SCHWAMM

Die Angst nagt an dir.
Du lässt sie hinein.
Der Wind ist zu stark,
um die Türen zu schließen.

Nun bist du ihr Opfer,
möchtest dich wehren,
wendest all deine Kraft auf,
um sie zu besiegen.
Doch sie ist unbesiegbar,
und bis du das verstehst,
vergeht viel Zeit,
in der du Kraft verlierst,
immer schwächer wirst,
dich fühlst wie ein Schwamm
mit zahllosen kleinen Löchern.

Die Luft fließt langsam hinaus.

Dann kommen die Hoffnung,
der Mut und der vorsichtige Glaube
an dich selbst, in denen du badest.
Du legst dich hinein in den funkelnden See,
saugst die Nahrung auf, die dir fehlte,
tankst die Energie, die dich stärkt
und die du dringend benötigst.

Nun ist die Balance wieder da.

Du lernst: Es lohnt sich nicht zu kämpfen.
Du lernst, du musst neue Wege probieren,
dich ausruhen und akzeptieren,
dass es immer beide Seiten braucht,
um das Gleichgewicht zu halten.

Dass du nur durch den Umgang
mit der Angst dich auch irgendwann
von ihr verabschieden kannst.

DER MENSCH, DER DU SEIN MÖCHTEST

Du kannst nur das Leben leben,
das du dir wünschst,
wenn du der Mensch bist,
der du sein möchtest.

Du kannst nur authentisch sein,
wenn du ehrlich zu dir selbst bist,
nur dann Vertrauen schenken,
wenn du dir selbst glaubst.

Du kannst nur die Herzen erwärmen,
die es benötigen,
wenn in dir ein Licht brennt,
das du selbst gezündet hast.

Du kannst nur Ja sagen
zu den schönen Dingen im Leben,
wenn du auch weißt,
wie man Nein sagt.

Du kannst nur das Leben leben,
das du dir wünschst,
wenn du der Mensch bist,
der du sein möchtest.

AUFMERKSAM

Als ich begann,
aufmerksam zu sein,
hörte ich die Vögel singen,
suchte nach der Sonne,
genoss das Leben auf meiner Haut.

Ich wachte auf
und bedankte mich,
steckte voller Vorfreude
auf den heutigen Tag.

Was wäre,
wenn es morgen schon vorbei ist?
Wäre das hier und jetzt ein schöner
letzter Augenblick? Es ist viel leichter,
gut zu leben, wenn man ab
und zu zum Ende sieht.

GEDANKENREISE

Wenn du gerade an keinem schönen Ort bist,
es dir nicht gut geht und du entkommen möchtest,
dann schließe deine Augen und lasse deine Gedanken dich dahin
führen, wo du hingehörst.

ERSTE BEGEGNUNG

Vor mir sitzen meine Scham
und meine Angst.

Die Erste ist eine fliederfarbene
Decke, die sich kleinmacht.

Die zweite ist ein
traurig-leerer Kinderstuhl.

Beide blicken mir direkt ins Gesicht,
während ich schwanke
auf meinem Untergrund.

So lange waren sie ein Teil von mir,
mischten sich zusammen
zu einer bitteren Sauce,
ehe ich mich heute traute,
mich ihnen zu stellen
und sie zum Gespräch zu bitten.

Es ist ein Anfang.
Es ist Klarheit.
Es bildet Trauer.

An Trauer kann man wachsen
und anschließend loslassen.
Doch alles mit der Zeit.

Dieser Abschied ist schwer.

EISERNES MEER

Manchmal bist du so weit weg,
dass mich deine Wärme nicht mehr erreicht,
meine Hände und Füße so kalt werden,
als wärst du außer Reichweite,
schon lange verschwunden.

Lasst sie ein Foto von uns machen,
um zu beweisen,
dass du wirklich da bist,
denn ich spüre dich nicht
an meiner Seite.

Ich erfriere so langsam,
aber sicher.
Ist man einmal unterkühlt,
dann ist es schwer,
ein Menschenherz zu retten.

So haben wir es gelernt.
Du nicht auch?

Du bist alleine auf deiner
einsamen Insel aus Eis,
weggetrieben in der Nacht,
als ich nicht aufpasste.
Du schwimmst seither auf dem
eisernen Meer.

Ich habe ein Boot
und warte stets darauf,
dass du dein Licht anmachst,
damit ich den Weg zu dir finde.

Lass mich nicht zu lange
warten, denn irgendwann
geht ein jedes Licht aus.

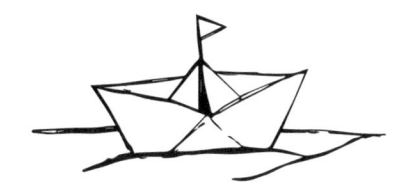

KÄTHI

Letzte Nacht hast du mich besucht
in meinen Träumen.
Ich habe dein schönes Gesicht
vor mir gesehen, konnte in deine
liebevollen Augen blicken und dir endlich
sagen, wie lieb ich dich habe.

Ich habe dich umarmt und vor Freude geweint.
Es war so schön, dass du da warst,
dass du mich immer wieder besuchen kommst,
wenn ich dich brauche.

Es ist nicht wichtig, wo du jetzt bist,
denn ich habe dich nie wirklich verloren.
Du bleibst für immer ein Teil von mir.

Immer dann, wenn ich mich kaum
noch an dich erinnern kann,
besuchst du mich und zeigst mir,
dass wir für immer miteinander verbunden sind.

PANDEMIE

*Gott möge all die Lebewesen
beschützen, die er beschützen kann.*

Vielleicht ist diese Zeit eine Chance,
um zu erkennen,
was wirklich zählt?
Und zu überlegen,
wie es danach weitergeht?

Wer ist wichtig für mich,
wem zeige ich dies zu selten?

Was ist es, was mich glücklich macht,
mir Frieden schenkt?

Wie möchte ich leben,
wenn ich erneut die Chance dazu bekomme?

ALLES NUR EIN TRAUM?

Was ist,
wenn ich eines Tages aufwache,
und das ist alles nicht passiert?
Ich bin dir nie begegnet,
du hast mich nie gerettet.
Wir sind nicht so hoch geflogen,
daher nie so tief gefallen,
um uns gemeinsam in die Mitte zurückzukämpfen.

Was ist,
wenn ich aufwache,
und bin noch dort,
wo ich es nicht mehr aushalte,
doch auch keinen Ausweg kenne.
Wenn du auf der anderen Seite der Welt bist
und ich deinen Namen niemals ausspreche.

Was ist,
wenn ich aufwache,
und du liegst nicht neben mir.
Die Wände um mich herum sind kahl,
der Lärm kaum zu ertragen,
der Tag nur eine weitere Verpflichtung,
der ich anstandshalber nachgehe.

Was ist,
wenn ich eines Tages aufwache
und verstehe,
dass ich nichts halten kann,
weder dich noch irgendetwas,
außer den jetzigen Moment.

Ich hätte keine Angst mehr einzuschlafen.

DURCH DEINE AUGEN

Würde ich die Welt durch deine
Augen sehen, während ich
mich ansehe, dann würde ich
mich trösten, mir zusprechen
und sagen, dass ich mein Bestes
gebe und es gut genug ist.

Ich würde schmunzeln
über meine eigenen Sorgen,
mich befreien aus meinem
selbst gebauten Käfig
und losfliegen,
hinaus in die Welt.

Den Dreck auf meinen Händen
würde ich mir abwaschen –
es ginge so schnell –,
und schon wären sie rein,
so wie sie sind,
wenn die Vergangenheit
den Abfluss hinuntergespült wird.

FEHLENDER GLAUBE

Ich liebe mich selbst,
so wie ich bin,
doch mir fehlt der Glaube daran,
dass ein anderer Mensch mich einfach so
lieben kann.

Dass ich liebenswert bin,
wenn ich mich nicht verstelle.
Und es leichtfällt, einfach nur zu sein,
auch wenn wir zu zweit sind
und nicht mehr allein.

DIE ZEIT DANACH

Wie durch ein Wunder
erscheint diese Welt
nun in einem neuen Gewand.

Die Menschen sind friedlich,
sie lächeln und singen,
das Leben ist fröhlich.

Täglich glänzt für uns die
Sonne auf dem Asphalt,
die Wiesen und Felder
strotzen vor Farben,
der Himmel beschützt uns
mit seiner Leichtigkeit.

Wir waren oben,
zu weit oben,
so dass die Decke uns fast
den Atem raubte.
Und dann fielen wir hinunter,
ganz tief, bis zum Boden.

Nun können wir wieder atmen,
ganz von vorne beginnen.
Wir haben die freie Sicht
auf unendlich viele Möglichkeiten,
diese Welt neu zu gestalten.

Wir sind demütig,
dankbar für das Leben.
Was kann es Schöneres geben?

PARADIES

Es ist immer angenehm warm,
immer sonnig,
auf dieser Terrasse
mit kühlen Fliesen
und einer orangefarbenen Markise.

Opa fährt sie aus,
Oma bringt den Erdbeerkuchen.
Frisch aus dem Garten,
dazu etwas geschlagene süße Sahne.

Die Erwachsenen trinken Kaffee,
für uns gibt es Capri-Sonne,
Limonade und alles, was wir möchten.

Schmetterlinge fliegen zu uns,
auch sie finden:
Dies ist ein schöner Platz.

Wir laufen hinunter in den großen Garten
und entdecken Beeren, Kräuter und
Blumen.

Der Kirschbaum ist prall gefüllt.
Eine Leiter steht schon dran.
Hoffentlich geht Opa bald welche pflücken.
Ihr Geschmack ist so herrlich süß.

Wir nehmen uns einen Ball
aus dem Gartenhaus,
laufen auf die Wiese,
wo unser Fußballtor steht,
nur für uns Kinder.
Wir spielen, auch unser
kleiner Hund ist mit dabei.

Danach eine schöne Pause
auf der rosafarbenen Schaukel.
Wir wechseln uns ab
und singen Lieder.

Nebenan fließt der kleine Bach,
in den wir manchmal klettern dürfen,
wenn wir unsere Gummistiefel anziehen
und gut aufpassen, damit Oma
sich keine Sorgen machen muss.

Die Zeit verfliegt,
das Leben fühlt sich leicht an.
Ich fühle mich geliebt,
so geliebt.

Ein Ort in meinem Herzen.
Heiße Tränen laufen über meine Wangen,
eine tiefe Sehnsucht macht sich breit.
Ich bin dankbar und doch
schmerzt es so sehr, dass
dieses Paradies verloren ist.

AUS DEM HERZEN, AUS DEM SINN

Ich würde dir gerne mitteilen,
was ich empfinde,
doch ich weiß es selbst nicht einmal.

Ich verlor den Zugang zu meinen Gefühlen,
denn als sie sich bemerkbar machten,
verdrängte ich sie gewaltvoll,
dachte, sie würden so verschwinden.

Nun ist alles unklar,
und das macht mir zu schaffen.

Ich grüble mein Leben hinweg
und verliere dabei völlig die Zeit
aus den Augen.

„Aus dem Herzen, aus dem Sinn" –
das habe ich mir wohl falsch
gespeichert. Neulich erfuhr ich,
dass dieser Glaube ein Irrtum ist,
und ich bin selbst schuld daran.

Wie erstarrt funktioniere ich,
da ich nicht weiß,
wonach mein Herz sich sehnt,
was es schmerzhaft verlangt,
und ich es nicht mehr füttern kann.

ZU SPÄT

Nach und nach
erinnere ich mich an jedes Detail,
an jedes Wort,
an jeden Blick.

Nach und nach
versuche ich, das Rätsel zu lösen,
das dich umgibt.

Ein inneres Lächeln formt sich,
wenn ich daran denke,
wie es sich anfühlte,
einfach zu sein,
ohne Anstrengung,
einfach zu sein.

Traurig stimmt mich die Realität,
die Ungewissheit,
das verschwommene Bild.

Wir bleiben auf ewig verbunden.
Für alles andere ist es zu spät.

LEBENSKÜNSTLER

Du bist ein Lebenskünstler.
Das habe ich schon immer an dir geliebt,
dein blühendes Chaos,
deinen Drang nach Freiheit.

Du bist ein Phänomen,
das mich fasziniert,
ein Ideal,
zu dem ich aufsehen kann.

So oft frage ich mich:
Bin ich dir genug?
Ein einfacher Mensch
mit einfachen Wünschen.

Solange du mich lässt,
reise ich mit dir,
stehe dir beiseite
und lass mich auf dich ein.

Auch wenn es andere nicht tun,
sollst du wissen,
dass ich dich schon jetzt zu
deinen Lebzeiten verehre.

Für mich gehst du in die Geschichte ein.

MEIN HERZ IST VOLL

Mein Herz ist voll.

Ich wünschte,
ich hätte Platz für zwei.

All diese Gefühle,
sie strapazieren den Platz,
es ist nichts mehr frei.

Es pocht,
doch manchmal viel zu leise,
es ist kein Raum mehr da
für die Akustik.

Wenn man es so betrachtet,
dann liegt die Lösung auf der Hand.

Ich muss lernen,
meine Gefühle aus meinem
viel zu prall gefüllten Herzen zu befreien.

TRAUERSTEIN

Frau Doktor, können Sie diesen
großen Trauerstein in mir entfernen,
den Sie entdeckt haben?

Er breitet sich immer weiter aus
und nimmt mir den Platz zum Atmen.

Ich habe Angst, dass ich ihn
nie wieder loswerde und er mich
mein Leben lang beeinträchtigt.

Ist er ansteckend?

Kostet er mich mein Leben?

Manchmal fühlt es sich so an.
Ich brauche dringend Hilfe.

Sie meinen, man kann ihn
Stück für Stück entfernen,
doch es kostet Zeit,
denn er ist viel zu groß,
um es gleich zu schaffen.

Eine Garantie gibt es nicht,
doch wir werden alles probieren,
um mich zu heilen.

Danke.

BITTERE SAUCE

Eine nicht definierbare Sauce
aus Gefühlen
verdirbt mir meinen Appetit.

Alle emotionalen Zutaten
sind schon lange abgelaufen,
schmecken bitter oder haben gar
ihren Geschmack verloren.

Jeden Tag das gleiche Gericht.
Ein paar Löffel gehen,
ehe sich alles in mir dagegen wehrt.

Irgendwas in mir wehrt sich dagegen,
kochen zu lernen,
mich mit den einzelnen Komponenten
auseinanderzusetzen.
Vielleicht habe ich Angst,
vielleicht bin ich überfordert.

Solange sich dies nicht ändert,
esse ich weiterhin meine Sauce,
bin brav und artig
und versuche nicht zu zeigen,
wie angewidert ich in Wahrheit bin.

CLOWN

Ich bin ein heiterer Clown
und ein trauriger zugleich.
Meine Schminke trage ich
als Schutz, mein Kostüm
versteckt meine Narben.

Ich albere durchs Leben,
zaubere Lachen in manche Gesichter,
bin tollpatschig und heiter.

Ich jongliere mit meinem Leben,
hoch und runter fliegen die Bälle,
drehen und wenden sich
in meinen zitternden Händen.

Manche haben Angst vor uns.
Wir sind eine seltsame Erfindung
und doch eine schöne Illusion.

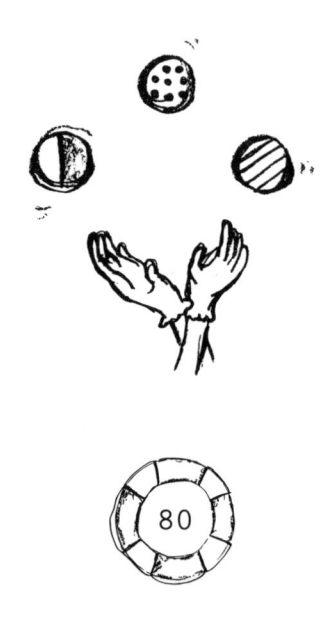

HAUCH VON LEBEN

Eines jeden Zeit ist so wahnsinnig fein,
hauchdünn und zerbrechlich.

Ein Hauch von Leben
von nicht messbarem Wert.

PFLANZE

Betrachte mich wie eine Pflanze.
Pflege mich,
sei gut zu mir,
such mir den geeigneten Platz,
damit ich blühen kann.

Versorge mich,
wenn ich durstig bin,
entlaste mich von Verdorbenem,
damit ich mit ganzer Kraft
weiter wachsen kann
und Freude in dein Leben bringe.

Sprich zu mir, schenk mir
meinen Freiraum, beobachte,
was mir guttut und was mir schadet.

Ich möchte dein Garten sein.
Doch dafür musst du lernen,
wie man eine Pflanze
am Leben hält.

FIRST-WORLD-BLINDHEIT

Es ist nur ein Problem,
wenn es mich betrifft,
tut nur weh, wenn der Schmerz
vor meiner Türe lauert, ist nur dann
relevant, wenn es mich bestiehlt.

Geh fort,
dorthin, wo du sonst bist,
wo ich dich nicht sehe,
dich nicht spüre,
du mich in Ruhe lässt.

Ich bin für mich,
sie sind für sich.
Das Schicksal steht auf meiner Seite,
und da soll es gefälligst bleiben.

Ich bin ein guter Mensch,
habe es nicht verdient,
dieses Leid zu ertragen.
Ich habe nichts getan,
womit ich dies verdient hätte.

Herrje, gibt es nicht schon genug
Unheil auf dieser Welt?

EINES TAGES WERDE ICH MICH LIEBEN

Eines Tages werde ich mich lieben,
so wie ich euch liebe.

Ich werde für mich da sein
und mir alles Gute gönnen,
was das Leben zu bieten hat,
weil ich es verdient habe.

Ich werde all meine Erinnerungen,
die sich in mir festgesetzt haben
und zu schädlichen
Glaubenssätzen herangewachsen sind,
überwinden und von vorne beginnen,
als der Mensch,
den ihr in mir seht.

Ich werde aufwachen,
den Morgen begrüßen,
das Leben umarmen,
die Sonne nutzen.

Weil ich es darf,
weil es so sein soll,
dass ich mich liebe,
so wie ich euch liebe.

Da ich mir genauso wichtig bin,
wie meine Liebsten es für mich sind,
weil ich zu ihnen gehöre
und endlich einen Platz finde
in meinem eigenen Herzen.

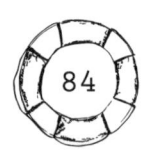

DAS LEBEN IST SCHÖN

„Das Leben ist schön", sage ich zu dir,
in den raren Momenten,
in denen ich es so klar empfinde.

Es ist,
wenn die Sonne leicht über uns steht,
uns zärtlich küsst und umarmt
und sich unsere Münder
zu einem Lächeln formen.

Wenn man die Augen schließt
und nichts sieht,
weil nichts schöner sein kann,
als der jetzige Moment.

Wir spüren das Leben
durch unsere Adern fließen,
alles in uns fühlt sich warm
und lebendig an.

„Das Leben ist schön", sage ich zu dir
und bin mir sicher,
es wäre nur halb so schön,
wenn du nicht an meiner Seite wärst.

LASS LOS

Es scheint, als würden sie mich verfolgen.
Mauern, auf denen „Lass los" zu lesen ist.
Zwei Worte, die mich treffen.

Stillstand.

Ich bleibe stehen, mein Körper spannt an,
mein Kopf beginnt zu arbeiten.

„Lass los" kann ich nun auch hören.

Eine Stimme, die leise und sanft zu mir spricht.
Es fühlt sich an wie ein zarter Atemzug auf meiner Haut,
eine liebevolle Umarmung.

„Lass los", denke ich selbst,
und noch scheint es weit entfernt.

Ich brauche Zeit.

HAT NICHT SOLLEN SEIN

Hätte es sein sollen,
dann wären wir jetzt nicht allein.
Denn das Schicksal entscheidet ohne
zweite Meinung, und irgendwann
versteht man weshalb.

Bis dahin muss man warten
und wohl am besten nicht
mit aller Macht versuchen,
einen Grund zu finden,
der so leicht auffindbar ist,
wie ein Sandkorn in der Wüste,
der den Weg ganz allein zu dir findet,
eines Tages deine Sicht verändert,
du ihn erst dann loslassen kannst,
um weiterzuziehen und zu verstehen,
weshalb es nicht hat sollen sein.

BEVOR ES ZU SPÄT IST
Inspiriert vom Song „When I'm Gone" von Phil Ochs

Keine Blumen werde ich mehr aufblühen sehen,
wenn ich einmal gegangen bin.

Keine Nächte werde ich mehr durchmachen können,
weil mir die Zeit zu kostbar zum Schlafen erscheint,
wenn ich einmal gegangen bin.

In keine Gespräche werde ich mehr versinken können,
wenn ich einmal gegangen bin.

Für nichts werde ich mehr einstehen können,
wenn ich einmal gegangen bin.

Keine Zeilen werde ich mehr schreiben können,
kein Lied mehr unter Freudentränen singen können,
wenn ich einmal gegangen bin.

Meine Geschwister, meine Eltern
werde ich nicht mehr beschützen können,
wenn ich einmal gegangen bin.

Keine Umarmung werde ich mehr genießen können,
wenn ich einmal gegangen bin.

Kein Stück Kuchen wird mehr ein Feuerwerk
an Glückshormonen in mir auslösen können,
wenn ich einmal gegangen bin.

Die Natur wird mich nicht mehr erden können,
wenn ich einmal gegangen bin.

Nichts werde ich mehr riskieren,
keine Ängste mehr überwinden können,
wenn ich einmal gegangen bin.

Niemandem werde ich mehr sagen können,
dass ich ihn liebe,
wenn ich einmal gegangen bin.

Also werde ich all das tun,
bevor es zu spät ist.

TRAUMA

Wer hätte gedacht,
dass diese alte Geschichte
mich vergiftet hat.

Ich hatte sie vergessen,
konnte mich an vieles
nicht mehr erinnern.

Manche Phasen sind noch immer aus
meinem Gedächtnis gelöscht,
als wären sie gestohlen worden.

In meinen Träumen,
da taucht ihr immer wieder auf.

Dann sehe ich euch in Verbindung
mit brutalen Gewaltszenen,
bis hin zum Mord.

Ja, ein Teil von mir ist gestorben.
Ihr habt ihn getötet,
und ich habe nichts dagegen tun können.

Wie ein angeschossenes Reh
suchte ich nach Hilfe
und bekam sie nicht.

Ich war mir sicher,
die Kugel in meinem Leib
verdient zu haben.

Seither führe ich zwei Leben.
Ein gesundes und ein krankes,
das zweite überwiegt.

Doch ich war mutig genug,
mir nach all den Jahren
Hilfe zu suchen,
jemanden, der mir die Kugel
vorsichtig entfernen kann.
Denn sie steckt noch immer
unter meiner Haut.

Aber dieses Mal werde ich
es schaffen und überleben,
als der Mensch, der ich vorher war.

Und dann werde ich es überwinden
und ein gesundes Leben führen,
denn ich hatte nie etwas anderes verdient.

VERTRAUEN

Was für ein schöner Tag,
welch schöne Zeit.
Ich genieße jede Minute,
in der ich lebe.
All die Sorgen und die Schwere
werden vom Licht überdeckt.
Es ist warm, hell und luftig,
atemberaubend frei.

Ich stehe am Eingang,
halte mich am Geländer fest,
strecke Brust und Kopf hinaus,
atme tief ein und spüre
das Glück in mir kribbeln.

Ich traue mich noch nicht loszulassen,
einen Schritt weiter nach vorne zu gehen.
Denn vielleicht ist das alles nur Schein,
ein sehr kurzer Moment,
der bald schon wieder vorüber ist,
und an den ich mich dann
nicht einmal mehr erinnern kann.

Ich habe Angst vor dem Glück.
Mir fehlt das Vertrauen,
dass es für mich bestimmt ist,
dass es sich nun so einfach anfühlt,
danach zu greifen.

Ich weiß,
je öfter es mich besucht
und je mehr wir uns kennenlernen,
desto sicherer werde ich mich
eines Tages fühlen,
die Tür zu schließen
und auf die andere Seite zu gehen.

VERBUNDEN

Es ist nicht die Distanz,
die uns voneinander trennt.

Es ist nicht die Nähe,
die uns miteinander verbindet.

WUNSCHWELT

Vielleicht gelingt es mir
eines Tages,
mein buntes, fantasiereiches,
oh so lebendiges Innenleben
nach außen zu tragen
und dann den Rest meiner Zeit
in meiner erschaffenen
Wunschwelt zu verbringen.

All meine Träume
würde ich mir verwirklichen,
tanzend durch die Felder laufen,
unter dem Sternenhimmel schlafen.

Die Menschen um mich herum,
sie steckten voller Liebe,
wir alle, die wir hier leben,
wären gleich viel wert,
ob Huhn oder Bundeskanzler.

Mein Herz wäre erfüllt,
meine Lungen frei zum Atmen,
mein Hals würde nicht mehr schmerzen,
ich müsste niemanden mehr um Rat fragen.

Die Wahrheit,
sie läge direkt auf der Hand:
Das Leben, das du dir wünschst,
ist das, was du auch leben kannst.

KÄMPFERHERZ

Ja, es ist gut,
sich sein inneres Kind zu bewahren,
es trösten zu können
und die kindliche Leichtigkeit immer
wieder zu nutzen.
Doch es ist nicht gut,
wenn man noch immer dieses Kind ist,
sich noch immer klein und verloren fühlt,
ausgesetzt und ängstlich.

Wenn ich dasitze,
mir die Tränen über die Wangen kullern,
ich schluchze und mich zusammenrolle
wie eine Katze auf dem Boden,
dann begreife ich,
dass ich mich nie verabschiedet habe
von meinem jungen Ich.

Es ist Zeit für mich,
anzunehmen und zu spüren,
dass ich nun ein freier Mensch bin
mit meinen eigenen Vorstellungen vom Leben,
individuellen Werten und Bedürfnissen,
für die ich nun auch selbst sorgen kann.

Es ist ein starkes Herz,
das in mir schlägt.
Es hat Risse vom heftigen Pochen,
doch es ist nicht schwächer
als ein Panzer,
denn es hat so manchen Krieg überlebt.

Ich möchte beides sein:
ein lebendiges, fröhliches Kind
und ein starker, verletzlicher Erwachsener.
Ich möchte sein, wer ich bin,
mit all meinen bunten Facetten
und mich geborgen fühlen
in meiner eigenen, freien Welt.

DU BIST SICHER

Leg dich nieder,
ich kümmere mich um dich.
Ich decke dich zu,
streichle dir sanft über dein Haar,
summe dir schöne Melodien,
beruhige dich,
lass dich vergessen.

Ich bin dein Hafen,
du bist hier sicher.
Werfe deinen Anker aus.
Du kannst mir vertrauen,
dass ich mich auskenne mit
starken Wellen und wir in
ihnen nicht untergehen.

Lass deine Vorstellungen
von dir selbst los.
Ich kann in deinen Augen sehen,
wer du wirklich bist,
und das ist wunderschön.

Ich möchte keine Perfektion,
nur pure Menschlichkeit,
zwei Herzen,
die aufeinander achten,
zueinander schlagen.

Ich gebe dir ein Seil,
halte es fest,
wenn du möchtest,
verbinde dich mit mir
und lass los,
wenn du nicht mehr möchtest.

Pass auf dich auf.
Ich möchte mit dir sein,
wenn du es möchtest,
ohne Schmerz, ohne Zwang,
einfach so,
weil wir beide es wollen.

WUNSCHGARTEN

So wie die besten und süßesten
Tomaten nur deshalb so
herrlich schmecken, weil
man ihnen Zeit ließ, um behutsam
heranzuwachsen, besonnt und beschützt
von Mutter Natur, so auch kann ein Mensch
nur dann ganz er selbst sein, prächtig,
stolz und einzigartig, wenn er
in solch einem Umfeld
heranwachsen kann.

Es ist nie zu spät, dir einen eigenen
Wunschgarten zu erschaffen.

SINN DES LEBENS

Vielleicht ist der Sinn des Lebens ja,
dieses mit Menschen zu teilen,
die es bereichern.

MONSTER

Ich habe diese zweite Welt in mir erschaffen,
in der ich lebe, versinke,
Stück für Stück drohe unterzugehen.

Ich säte an einem trockenen Wintertag
mit der Gewissheit, in dieser Zeit
würde nichts wachsen, was beständig ist.

Zu meinem bitteren Erstaunen
ist dieser Garten daraus entstanden,
er hat jeden Frost überlebt.

Ein Platz mit wilden Gräsern,
Dornblumen und Sträuchern,
die das Licht nur selten reinlassen.

Ich lebe in diesem Garten,
den ich mir selbst erschaffen habe.
Ich habe die Zeit vergessen,
nun finde ich nicht mehr heraus.

Niemand kennt diese zweite Welt.
Nur mir selbst wird der Eintritt gewährt,
und ich weiß nicht,
was ich tun soll.

Soll ich ein Feuer legen,
diesen Platz roden
und somit endlich frei sein?

Manchmal denke ich darüber nach,
doch mir fehlt jegliches Werkzeug,
um es zu beenden.

Ich habe ein Monster erschaffen,
das in meiner Seele wüstet.

Wie auch immer ich es bezeichnen mag,
eines weiß ich gewiss:
Ich werde es nicht schaffen,
in beiden Welten zu überleben.

WAS WÄRE ICH BLOSS OHNE DIE LIEBE?

Was wäre ich bloß
ohne die Liebe?

Woran würde ich denken,
wenn ich einschlafe?

Was würde mich entzücken,
wenn ich die Augen öffne?

Über was würde ich schreiben,
wenn ich nicht sprechen kann?

Wann würde ich mein Herz sonst
die Trommeln schlagen hören?

Woher käme der Glanz in meinen Augen
auf sämtlichen Fotografien,
woher die Gänsehaut
beim Hören jener Worte?

Was wäre ich bloß
ohne die Liebe?

ICH HABE EINE FRAGE

Ich habe eine Frage,
doch vielleicht ist sie etwas unangenehm:

Wie kann es sein,
dass wir hier so genau hinschauen
und dort so gekonnt wegsehen?

Wo kommt das viele Geld her,
um die Wirtschaft zu tragen,
welches vorher nie da war
für die, die nichts haben?

Wie kann es sein,
dass hier Essen in der Tonne landet
und es niemand haben darf,
während sich woanders gerade
jemand hungernd quält
in sein eigenes erbärmliches Grab?

Wie bitterlich muss ein Herz sein,
wenn die Not vor der Türe steht,
sie schmerzvoll ruft und bettelt,
doch man lässt sie einfach nicht hinein?

Warum trinken wir Milch,
von einer Mutter,
deren zahlreiche Kinder
einfach weggeworfen werden,
als fühlten sie keinen Schmerz?

Können wir denn einmal
in Frieden sterben
mit solch einem unreinen Herzen?

WWJD

So viele von uns zelebrieren Jesus.
So wenige wissen,
was das bedeutet.

Jesus würde niemanden hungern lassen,
wenn er ihn sattmachen könnte.
Er würde niemanden ertrinken lassen,
nur weil er Angst um seinen eigenen Wohlstand hat.
Er würde niemanden steinigen,
weil dieser einen Menschen des gleichen Geschlechts liebt.
Noch würde er diejenigen wegsperren,
die den Menschen die Wahrheit bringen.

Jesus würde nicht wollen,
dass Männer und Frauen in seinem Namen handeln
und hinter verschlossenen Türen
die hilflosesten Wesen unter uns missbrauchen,
sie schädigen und ihre Seele zerreißen.
Noch würde er verbieten,
dass eine Frau frei wählen kann,
ob sie schwanger werden möchte
oder nicht.

Jesus würde keinen Unterschied machen
zwischen unterschiedlichen Farben,
Religionen,
Sexualitäten,
Geschlechtern
und Herkünften.

So viele von uns zelebrieren Jesus,
benutzen seine Geschichte,
um ihre Handlungen,
ja, sogar ihre Schandtaten,
zu rechtfertigen.

Es ist endlich Zeit,
um wirklich tief in sich hinein zu hören
und sich zu fragen:
Was würde Jesus tun?

SELBSTGESPRÄCHE

Hallo,
bist du da?
Kannst du mich hören?
Ich rufe täglich an,
hinterlasse Nachrichten.
Dein Briefkasten ist längst überfüllt,
du leerst ihn nicht aus und somit
kann ich dir nicht mehr schreiben,
muss all meine Gedanken für mich behalten.

Was sind Geheimnisse wert?
Gibt es sie nur, um andere zu schützen?
Erschaffen wir sie, um keine Herzen zu brechen,
oder ist jedes Geheimnis in Wahrheit
nur ein Symbol von Feigheit?
Eine Schöpfung der Angst vor uns selbst?

Ich weiß nicht, ob meine Zeilen bei dir ankommen
oder ob du sie gleich wieder löschst.
Es hat sich so viel angestaut,
nun komme ich nicht mehr hinterher.
Ich weiß nicht mehr, wo ich stehen blieb,
als wir das letzte Mal sprachen,
und ob wir überhaupt schon je
ein Gespräch zu Ende führten.

UNSER ZUHAUSE

Dieses Band zwischen uns,
das kann niemand mehr trennen.
Man nehme die schärfste Schere,
das größte Messer,
die schwerste Axt –
nein, niemand kann dieses Band
zwischen uns mehr trennen.

Erzähle ich eine Geschichte,
bist du ein Teil davon.
Meist haben wir sie
zusammen geschrieben.

Blicke ich in mein Herz,
dann sehe ich einen Teil
deines darin und höre,
wie sie parallel
zueinander schlagen.

Heimatlos bin ich schon lange nicht mehr,
seitdem ich dich gefunden habe.

Und egal, wohin ich reise,
wo auch immer du dich versteckst,
weiß ich,
dass wir für immer
unser Zuhause sind.

DIFFUS

Es ist eine diffuse Unzufriedenheit,
die mich quält,
mir das Lieben schmerzhaft macht,
denn sie rostet auf meinem Herzen
und zerstört es allmählich.

Es ist die Sehnsucht,
die ich nicht benennen kann,
ein Gefühl von fehlender Balance,
die schwere Seite einer Waage,
die schon seit Jahren auf dem Boden liegt.

Mir fehlen die Worte,
mir fehlt der Zugang,
denn nach all dem Schweigen
sind alle Buchstaben verlorengegangen,
schwimmen einsam herum
in einer faden Suppe.

Es ist diffus,
doch ist es präsent.
Ich werde es nicht los,
also muss ich für mich kämpfen.

SÜSSER PUDDING

Schlucke deine Gefühle nicht herunter
wie süßen Pudding, denn sie werden
nicht verschwinden oder sich auflösen.
Nein, sie werden bleiben,
sich vermehren und irgendwann
ohne Vorwarnung mit geballter Kraft
wieder hervordringen und das Fass
zum Überlaufen bringen.

OBSESSION

Äußerlich wirke ich still,
sortiert und manchmal stark.
Doch in mir drin,
da ist dieser Kampf,
eine Obsession,
die ich nicht loswerden kann.

Mit aller Kraft versuche ich,
das Elend in mir drin zu lassen,
damit es nicht nach außen dringt
und die anderen verschreckt.

Welche meiner zwei Seiten
ist nun mein wahres Ich?

Das Innere zählt,
ja, dann habe ich wohl verloren.

Sperrt mich weg,
nehmt mir meinen Freiraum,
denn meine Obsession
ist eine Gefahr für meinen
inneren Frieden.

Sie brennt und sie lodert,
sie schreit und kämpft.
Und wenn ich nach außen hin lächle,
dann vergeht nur ein weiterer Tag
in meinem heimlichen Krieg.

STARKER NORDWIND

Der starke Nordwind peitscht gegen die Klippen.
Felsenfest sind sie im Boden verankert,
umgeben von den unendlichen Tiefen des Ozeans.

Hier oben stehe ich,
zwischen den bunten Wildblumen,
bedeckt von Wolken,
umgeben vom Klang der Natur.

Unter mir sehe ich die Wellen tanzen,
über mir unendliche Freiheit.

Fast bin ich zu schwach für den Wind,
doch noch kann ich mich halten.

Ich fühle mich eins mit der Landschaft,
als hätte ich meine Bestimmung gefunden,
wissend, wohin ein Mensch gehört.

Es ist reines Glück, das sich in meinem Herzen
ausbreitet, ein Gefühl von grenzenloser
Freiheit, das mir Tränen in die Augen treibt.

Das Leben steht vor mir,
und ich denke darüber nach,
es mir zu nehmen.

WENN ES IM SOMMER SCHNEIT
(aus dem gleichnamigen Lied auf dem Album „Verbunden")

Es ist die Sonne, die geht,
es ist die Sehnsucht, die bleibt.
Wie schnell wird alles vergehen?
Wann zieht die Dunkelheit?
Kannst du den Morgen schon sehen?
Bist du im Gestern verweilt?
Wann werden Wälder grün,
wenn es im Sommer schneit?

Hast du die Zeilen gelesen,
die ich für dich schrieb?
Haben wir ein Recht auf Glück,
sind wir verschont vom Krieg?
Es könnte einfach sein,
doch dafür ist es zu schwer.
Wir gehen stolz voran,
sie hasten hinterher.

Kannst du die Schmerzen spüren,
die du in anderen siehst?
Es ist der Sinn,
der uns in all dem Luxus zerfließt.
Wir haben viel zu viel
und wissen gar nichts mehr.
Vor unseren Augen ertrinken Menschen
auf der Flucht im Meer.

Wenn Gier Moral vertreibt,
dann ist das Ende in Sicht.
Wir tragen Blut an den Händen,
doch wir sehen es nicht.
Mit unseren Waffen töten wir,
doch fühlen es nicht.
Erst wenn es dunkel ist,
sehnen wir uns nach Licht.

Es ist die Sonne, die geht,
es ist die Sehnsucht, die bleibt.
Wie schnell wird alles vergehen?
Wann zieht die Dunkelheit?
Kannst du den Morgen schon sehen?
Bist du im Gestern verweilt?
Wann werden Wälder grün,
wenn es im Sommer schneit?

EINSAM SEIN IST NICHT DASSELBE WIE ALLEINE SEIN

Du kannst sehr einsam sein
unter vielen Menschen;
dich stark geborgen fühlen,
wenn du alleine bist.

Kennst du bereits dein hübsches Wesen?
Hast du deine lustigen Eigenarten
schon entdeckt?

Hier spricht dein Herz zu dir,
während deine Erinnerung ruht.
Lassen wir sie noch ein wenig schlafen.

Du bist pure Freude,
alle vier Jahreszeiten in einer Person.

Lass dich nicht aufhalten,
dein bester Freund zu sein.
Du wirst keinen besseren finden.

DANKE

An dieser Stelle möchte ich mich von Herzen bei den Menschen bedanken, die mir immer wieder die Kraft und Energie schenken, zu schreiben und mich zu trauen, meine Texte zu veröffentlichen. Ich bekomme viele, sehr bewegende Nachrichten, die mein Herz erfüllen. Seitdem ich meine Gedichte mit euch teile, fühle ich mich weniger verloren, weniger einsam. Ich habe das Gefühl, wir sind eine Gemeinschaft geworden.

Alles, was ich schreibe, kommt tief aus meiner Seele, und ich schätze es sehr, dass keine Angriffe auf diese unternommen werden. Ich bin ebenfalls sehr dankbar für die Menschen in meinem privaten Umfeld, die mich stützen und mir ein Gefühl von Zugehörigkeit schenken.

Ich möchte weiterhin leben und darüber schreiben. Das erfüllt mich. Danke, dass ihr es mir möglich macht!

„Selbst im kleinsten Funken Hoffnung
steckt unendlich viel Leben."

ÜBER DIE AUTORIN

Clara Louise ist 1992 in Lahnstein in Deutschland geboren und aufgewachsen. Bis sie 16 Jahre alt ist, besucht sie ein Gymnasium und beschließt dann der Liebe wegen ins österreichische Salzburg zu ziehen. Dort arbeitet sie als Texterin und Musikerin.

„Ich habe mit 13 Jahren begonnen, Gedichte zu schreiben. Damals und heute, um Gedanken loszuwerden, die ich nicht aussprechen kann. Für mich ist das Schreiben eine Art Befreiung und es berührt mich oft sehr, wenn sich andere Menschen damit identifizieren können. Diese Erlebnisse sind beim Schreiben und in der Musik für mich die wertvollsten und haben mich schlussendlich dazu gebracht, meine Bücher zu veröffentlichen", so Clara Louise.

Aufgewachsen als mittleres Kind von insgesamt drei Kindern, erlebt Clara ihre Kindheit vor allem als kunstinteressiert. Sie spielt Geige, tanzt Ballett, schreibt Gedichte, zeichnet, singt und schreibt ihre ersten Lieder. Stets mit dem Bedürfnis, sich mit Worten auszudrücken und zwischen Melodien zu finden. Neben den Texten, die mal schwer, mal leicht sind, dabei stets zum Träumen anregen, sind die Seiten mit Illustrationen der Mittzwanzigerin gefüllt. Schon als Kind hat Clara Louise das Schreiben, Zeichnen und Musizieren geliebt.

Ihren vorherigen Gedichtbände „Von verlassenen Träumen & einem leichteren Morgen" (2018) und „Zurück zum alten Kirschbaum" (2019) stiegen beide auf Platz 1 der Amazon-Bestseller-Liste für deutsche Lyrik ein. Auf der Plattform Instagram folgen der Lyrikerin und Musikerin über 200.000 Menschen. Mittlerweile kombiniert sie ihre Poesie mit Musik und tritt regelmäßig vor Publikum auf. Ihr viertes Album „Verbunden" erscheint im September 2020.

Der erste Gedichtband

Von verlassenen Träumen &
einem leichteren Morgen

von Clara Louise

Der zweite Gedichtband

Zurück zum alten Kirschbaum

von Clara Louise

Musik, Live-Termine und weitere Informationen unter: www.claralouise.de